FABLES

*

FÁBULAS

BOOK TWO - LIBRO DOS

FABLES IN AN OLD STYLE
Books for children who like to read or listen to stories in English and Spanish
FABULAS EN UN ESTILO ANTIGUO
Libros para niños que gustan a leer o escuchen a historias en English y Espanol
Book Two/Libro Dos

ISBN: 978-0-692-52507-4, Bentley Avenue Books

Any queries should be addressed to the author, 559-594-4743 / thistles@ocsnet.net or P.O. Box 44040, Lemon Cove, CA 93244-0040

note: This book is appropriate for good readers ages 7 through 12 who like fantasy and traditional literature. The fables are also suitable for classroom story-time, or for parents to read aloud to younger children able to understand what they cannot yet read.

other books by Sylvia Ross:

Lion Singer (children)
Blue Jay Girl (children)
Acts of Kindness, Acts of Contrition
East of the Great Valley
Acorns and Abalone

FABLES
In An Old Style

*

FÁBULAS
En Un Estilo Antiguo

by

Sylvia Ross

Books for children who like to read or listen to stories in English and Spanish
Libros para niños que gustan a leer o escuchen a historias en English y Espanol

Libro Dos
Book Two

English and in Spanish

Este libro está dedicado
a
La Senora Josefa Plata,
descanso en paz
y
La Senora Socorro Macias
La Senora Lydia Camarena
La Senora Guadalupe Ochoa

Spanish Translation

by

Rosalinda Villareal Teller

Spanish editing and
text modification

Jennifer Mari Worgan

*

English editing

Deloris Mahnke

*

Readers:
Jane Merigian Merryman
Jorge Inestroza
Maria de Jesus Macias Ross

*

Some children like to color as well as read. Anyone who gifts a child with these little books, might also want to buy him or her a set of colored pencils to enhance the inked illustrations.

Public or private school teachers and those who home-school children have permission to reproduce and enlarge any of the illustrations in this book for their students to color and take home.

Contents / Contentido

THE STEPMOTHER

Once upon a time in a prosperous town, there was a man who made and sold musical instruments. Musicians, minstrels, and troubadors came from all over the realm to purchase the marvelous instruments he made. He brought business to the town, and all respected him.

The instrument maker had a wife and a family who lived with him in apartments above his shop. His wife was a pretty but silly woman who often loitered in the shop listening to the visitors talk of their travels. His children, though young, were fierce and savage. They caused mischief all the time that they were awake.

The other merchants in the town dreaded the instrument maker's wild children. They shuddered whenever they saw the children coming, for pranks abounded wherever the children were. Even the baby was rambunctious.

People said that the baby alone could cause more devastation than all the great armies of the king.

LA MADRASTRA

Había una vez, en un pueblo próspero, un hombre que hacía y vendía instrumentos musicales. Músicos, juglares, y trovadores venían por todo el reino para comprar los instrumentos maravillosos que él hacía. Trajo negocio al pueblo y todos le respetaban.

El fabricante de instrumentos tenía una esposa y una familia quienes vivían con él en los apartamentos arriba de su taller. Su esposa era una mujer bonita pero simple quien a menudo perdía su tiempo en la tienda escuchando a los viajeros hablar de sus viajes. Sus hijos, aunque jóvenes, eran feroces y salvajes. Hacían travesuras todo el tiempo en que estaban despiertos.

Los otros mercaderes del pueblo temían a los niños desenfrenados del fabricante de instrumentos. Temblaban cuando veían venir a los niños, porque bromas abundaban donde quiera que estaban los niños. Hasta el bebé era bullicioso.

La gente decía que el bebé solito podía causar más devastación que todos los gran ejercitos del rey.

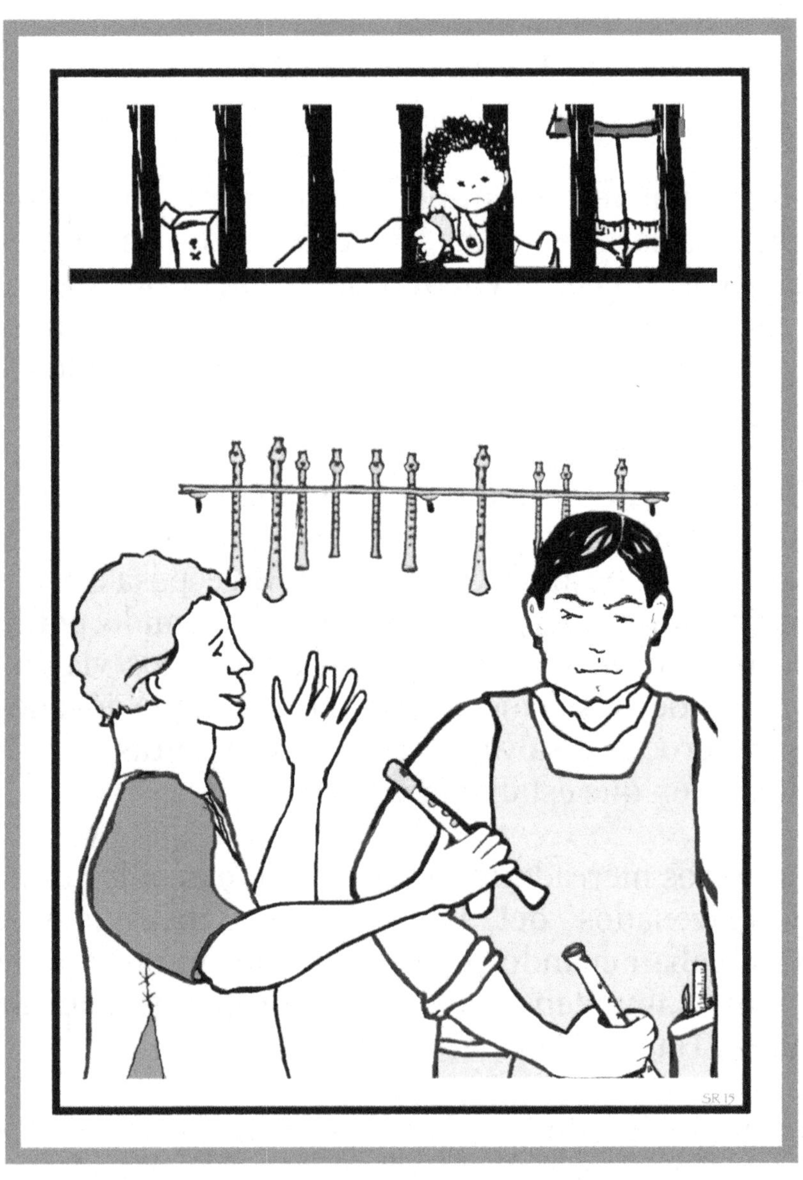

When the children were out in the street, the pottery seller would run to lock the door to his shop. The jeweler would put bars over the windows, and the joiner would push the heaviest pieces of furniture he had made into a barricade at the entrance for his store's safety.

One day, when the youngest child was still a baby, the instrument maker's pretty wife listened to the tales of a flute player who had traveled to many lands. She liked his stories, and decided to go off herself to find excitement.

Although all in town said that her ferocious children were excitement enough for the whole kingdom, they were not enough for her.

After his wife left him, the instrument maker waited for a time, and then he set out to find a new wife. The grocer hastily presented his cousin to the instrument maker. She was a good woman, a widow who had raised many children of her own. The grocer thought that she could manage the fierce children. He thought, "If only my neighbor would wed this good woman, I shall never have to chase apples and pears down the road, or find salt in my sugar bin again."

Cuando los niños estaban en la calle, el vendedor de alfarería corría a atrancar la puerta a su tienda. El joyero puso rejas sobre las ventanas, y el ensamblador empujaba a los muebles más pesados que había hecho para formar una barrera para la entrada para la seguridad de su tienda.

Un día, cuando el niño menor todavía era un bebé, la esposa bonita del fabricante de instrumentos escuchó a los cuentos de una flautista quien había viajado por muchas tierras. A ella le gustaron sus cuentos y decidió irse ella misma en busca de aventura.

Aunque todos en el pueblo decían que sus niños feroces eran aventura suficiente para todo el reino, pero no lo eran lo suficiente para ella.

Después de que su esposa se lo había dejado, el fabricante de instrumentos esperó por un tiempo, y luego se emprendió a buscar a una esposa nueva. El tendero apresuradamente le presentó a su prima al fabricante de instrumentos. Era una mujer buena, una viuda quien había criado a muchos hijos propios. El tendero pensó que ella podría manejar a los niños feroces. Pensó, “Si solamente mi vecino se casara con esta buena mujer, nunca tendré que perseguir a manzanas y peras por la calle, o volver a hallar sal en el contenedor de azucar.

But the instrument maker would have nothing to do with the widow. She was old and his wife had been young. "I would be shamed," he said, "to wed a second wife not as good as my first."

Another merchant, a baker, who remembered how the fierce children had eaten all the raisins from all the cakes in his window, presented a different woman to the instrument maker. She was a good woman also, but she was young. She kept the livery for the town. The baker thought, "Surely, a woman who can manage the mayor's horses can manage those fierce children."

But the instrument maker would have none of the woman. She was plain, and his wife had been pretty. "I would be shamed," he said, "to wed a second wife not as good as my first."

After that, the merchants sighed and left him to find his own wife.

Some time later, the instrument maker had to go out into the country to find reeds he needed for his blowing instruments. He stopped at a poultry woman's cottage to refresh himself.

Pero el fabricante de instrumentos no tendría nada que ver con la viuda. Ella era vieja y su esposa había sido joven. "Tendría verguenza," dijo, "casarme con una segunda esposa no tan buena como mi primera."

Otro mercader, un panadero, quien se recordó de como los niños feroces se habían comido a todas las pasas de las tortas en su ventana, le presentó una mujer diferente al fabricante de instrumentos. Era una mujer buena también, pero ella era joven. Ella cuidaba a la caballeriza del pueblo. El panadero pensó, "Seguramente, una mujer quien puede manejar a los caballos del alcade podría manejar a esos niños feroces."

Pero el fabricante de instrumentos no tendría nada que ver con la mujer. Ella era sencilla, y su esposa había sido bonita. "Tendría verguenza," dijo, "casarme con una segunda esposa no tan buena como mi primera."

Después, de eso, los mercaderes suspiraron y le dejaron buscar a su propia esposa.

Algún tiempo después el fabricante de instrumentos tuvo que salir al campo para hallar lengüetas para sus instrumentos que soplandos. Se paró ante la casita de una mujer gallinera para refrescarse.

When he saw the pretty little poultry woman tending her chickens with her small daughter by her side, he was charmed. He asked her if she had a husband.

"No," she told him. "I live here with my little daughter. We make our living by selling eggs from these hens."

The poultry woman was so pretty that the instrument maker asked her to be his wife. He told her of his shop in the town. He told her of the spacious apartments above the shop where they would live.

The poultry woman was inclined to agree to marry him, but first she said, "Sir, I am a poultry woman. I keep these fine hens and they have made a good living for my child and me. I would sorely miss them if I were to leave here."

The instrument maker, seeing that she was fond of her chickens, said, "I would not deny you the things you love. Though I will give you money, I see that you are used to earning your own way in life. If you come to the town with me, I'll hire a wagon to carry your hens. They can live in the yard behind my shop.

Cuando vio a la pequeña gallinera bonita cuidando a sus gallinas con su hija pequeña a su lado, fue encantado. Le preguntó que si tenía esposo.

"No," le dijo ella. "Vivo aquí con mi hija pequeña. Nos ganamos la vida vendiendo a los huevos de estas gallinas."

La gallinera estaba tan bonita que el fabricante de instrumentos le pidió que fuera su esposa. Le contó de su taller en el pueblo. Le contó de los apartmentos espaciosos arriba de su taller en donde vivirían.

La gallinera estaba inclinada a acceder a casarse con él, pero primero dijo ella, "Señor, soy una gallinera. Cuido a estas gallinas finas y ellas nos han dado una vida buena a mí y mi niña. De seguro me apenaría el extrañarlos si yo me fuera de aquí."

El fabricante de instrumentos, viendo que ella les quería mucho a sus gallinas, dijo, "No le negaré las cosas que usted ama. Aúnque le daré dinero, veo que usted está acostumbrada a ganarse la vida propia. Si viene al pueblo conmigo, emplearé a una carreta para cargar a sus gallinas. Podrían vivir en el patio detrás de mi taller."

I will ask the joiner to make good pens for them. Townspeople will be pleased to buy your eggs."

Then the instrument maker remembered his children. "I must tell you, " he said, "I have young children. Their mother left us before the baby could walk. They are in need of a mother."

The poultry woman lifted her tiny hand to his and said, "Since I too have a child, I should not complain that you have children. I will come with you and be your wife, and I will love your children as I do my own child."

They were wed that same day, and the instrument maker hired a wagon to take the chickens and the few belongings of the woman and her daughter to the town.

When they came to the town, all the shopkeepers came to the doors of their shops. They saw the instrument maker's new wife sitting on the wagon with her arm about her little daughter, they woefully told one another, "She will not do. She will never be able to manage our fellow's fierce children."

Pediré al ensamblador a que les haga unas buenas jaulas. A la gente del pueblo les dará gusto comprar sus huevos."

Luego el fabricante de instrumentos se acordó de sus niños. "Debo decirle," dijo, "tengo niños pequeños. Su madre nos dejó antes de que podría caminar el bebé. Tienen necesidad de una madre."

La gallinera extendió su manita a él y dijo, "Siendo que yo también tengo una niña, no debo quejarme de que usted tenga niños. Iré con usted y seré su esposa, y amaré a sus niños como amo a mi propia hija.

Se casaron ese mismo día, y el fabricante de instrumentos empleó una carreta para traer a las gallinas y a las pocas posesiones de la mujer y su hija al pueblo.

Cuando llegaron al pueblo, todos los tenderos vinieron a las puertas de sus tiendas. Vieron a la nueva esposa del fabricador de instrumentos sentada en la carreta con su brazo alrededor de su pequeña hija, dijeron tristemente el uno al otro, "No bastará. Nunca podrá controlar a los niños feroces de nuestro compañero."

They all thought the same thing. "*She is young and pretty, but a young, pretty wife is not what this man needs.*"

Of course, they did not say this to the instrument maker.

The poultry woman found the shop to be all that her husband had told her. Her little daughter liked the town with all its interesting places, and when the fine hens heard the melodious sounds of the instruments, they raised their voices in appreciative song.

A joiner came and built pens for the chickens, and for a while it seemed that the family would be very happy.

Soon problems came to the new stepmother. The fierce childen didn't bother her daughter, but they would not behave for her.

The woman soon found that she could not manage her husband's children. Their mischief never stopped. As soon as she dressed the baby, he would take his clothes back off again and throw them out the window. When she went to fetch them, he would run naked out the door.

Todos pensaban lo mismo, "*Es joven y bonita, pero una esposa joven y bonita no es lo que este hombre necesita.*"

Por supuesto, no le dijeron esto al fabricante de instrumentos.

La gallinera halló que el taller era todo lo que su esposo le había contado. A su pequeña hija le gustaba el pueblo con todos sus lugares interesantes, y cuando las gallinas finas oyeron a los sonidos melodiosos de los instrumentos, alzaban sus voces en una canción de aprecio.

Un ensamblador vino y construyó jaulas para las gallinas, y por un rato pareció que la familia estaría muy feliz.

Pronto problemas llegaron a la nueva madrastra. Los niños feroces no molestaron a su hija, pero no se portaban bien para ella.

La mujer pronto se dio cuenta que no podía controlar a los niños de su esposo. Sus travesuras nunca se paraban. Tan pronto como ella vestía el bebé, él se quitaba su ropa de vuelta y la arrojaba por la ventana. Cuando ella se iba a recogerla, él salía corriendo desnudo por la puerta.

When she chased him down the street, the instrument maker's other children would laugh and laugh.

The children would not mind her, and even the ones who had come to the age of reason, and knew better, would not be reasonable and constantly misbehaved.

One day the butcher came to get her because the older boy had climbed into the pigs pen and turned all the animals loose to run through the town.

When she scolded the boy, he said, "You are not my mother. I don't have to do what you say."

The poultry woman went through the town helping the butcher catch his pigs. She fell in the mud many times and she couldn't hold the slippery pigs easily.

When they were finally caught, she gave the butcher some of his egg money for his troubles and she went home. She was very tired and her clothes were dirty and torn.

Cuando ella salía trás él por la calle, los otros niños del fabricador de instrumentos se reían y se reían.

Los niños no la hacían caso, y hasta los que habían llegado al la edadad de razonar, y sabían portarse mejor, no serían razonables y se portaban mal constantemente.

Un día el carnicero vino a traerla porque el niño mayor se había subido a la pocilga de los cerdos y había dejado salir a todos los animales sueltos para que se corrieran por el pueblo.

Cuando ella le regañó al niño, solamente dijo, "Tú no eres mi mamá. No tengo que hacer lo que tú me digas."

La gallinera pasó por el pueblo ayudándolo al carnicero a capturar a sus cerdos. Se cayó en el lodo muchas veces y no le era fácil mantener su agarro de los cerdos escurridizos.

Cuando finalmente los habían capturado, ella le dio al carnicero dinero de sus huevos por sus molestias, y fue a casa. Ella estaba muy cansada y su ropa estaba sucia y razgada.

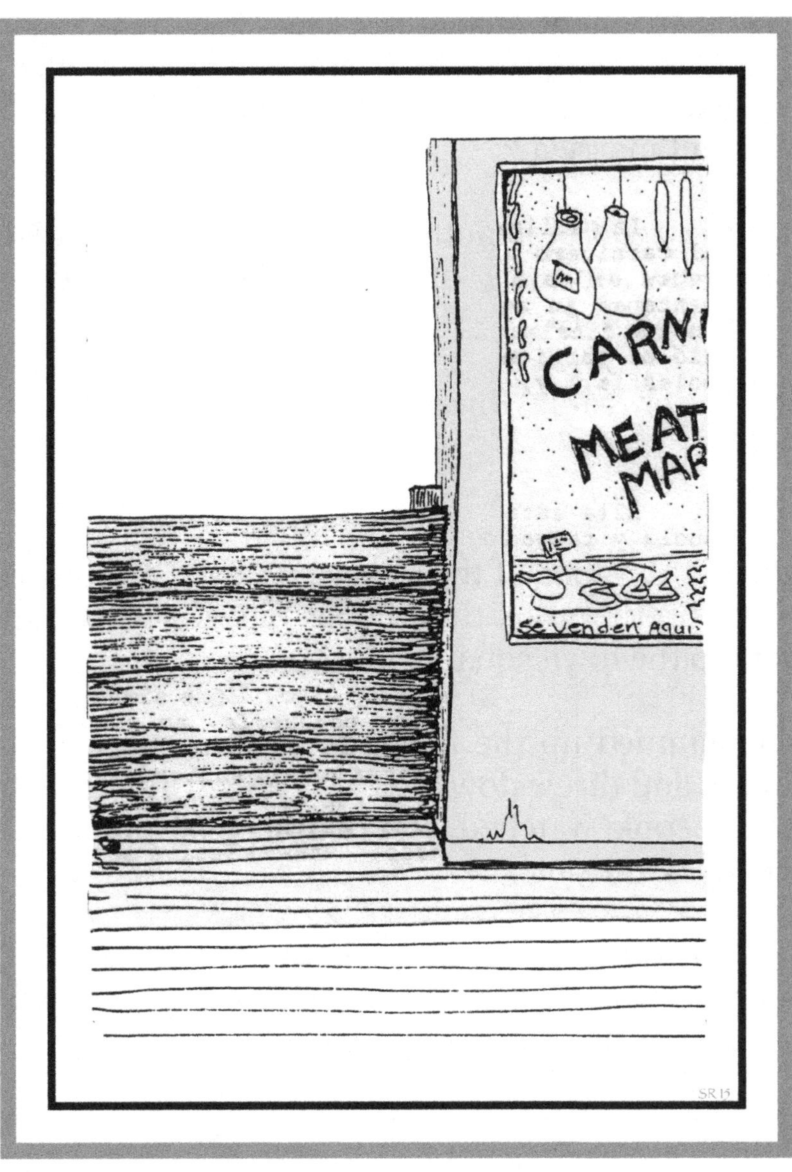
CARN
MEAT
MAR
se venden aqui

The instrument maker looked at her and said, "What is the meaning of this? You look like a swineherd, not like my pretty wife. Is this the woman I married?

But the good stepmother, knowing that he might thrash his son if he knew what the boy had done, made no defense.

She merely said, "I'm sorry, husband. Tomorrow I will look nicer."

Another day, one of the girls who was just as savage as her brother took the ribbons out of her hair and went to the town square.

She shinnied up the flag pole at the center of the square and threw down the king's flag. Then, as the townspeople watched, she tied her hair ribbons to the top of the pole.

She would not come down. She took pebbles out of her pocket and threw them down on anyone who came near the pole.

She shouted, "This town is mine! My flags fly over this town! The whole kingdom is mine! Everything I see is mine!"

El fabricante de instrumentos la miró y dijo, "¿Qué significa esto? Te ves como una porqueriza, no como mi esposa bonita. ¿Es ésta la mujer con quien me casé?"

Pero la madrastra buena, sabiendo que él podría pegar al niño si supiera lo que el chico había hecho, no se hizo defensa.

Símplemente dijo, "Lo siento, esposo. Mañana me veré mejor."

Otro día, una de las niñas quien era tan salvaje como su hermano se quitó los listones de su cabello y se fue a la plaza del pueblo.

Se subió a la asta de la bandera en medio de la plaza y arrojó al suelo la bandera del rey. Luego, mientras que la gente del pueblo miraban, amarró a sus listones al extremo de la asta.

No se bajaba. Sacaba piedritas de su bolsillo y las arrojaba a cualquiera que se acercara a la asta.

Gritó, "¡Este es mi pueblo! ¡Mis banderas vuelan sobre este pueblo! ¡Todo el reino es mío! ¡Todo lo que veo es mío!"

When the people could not persuade the little girl to come down, they sent for the poultry woman. She could not persuade the child either. The girl swayed back and forth on top of the pole, and shouted, “You are not my mother. I don’t have to do what you say.”

The stepmother, worried that the little girl might fall, stayed down at the base of the flag pole all day. When the girl grew hungry and tired, she came down at last. The stepmother took her home and fed her some supper. The woman said nothing to the instrument maker. He had a temper, and he might thrash the little girl.

This is how all the poultry woman’s days in the town went. The woman, who had once been so pretty, grew thin and tired from the pranks of her husband’s children. Yet, she quietly set everything right, and she never complained.

The poultry woman spent all the money she earned from her chicken’s eggs appeasing the merchants of the town for the destruction caused by the fierce and savage children.

Cuando la gente no podía persuadir a la pequeña niña a bajarse, mandaron para la gallinera. Tampoco pudo persuadir a la niña a bajarse. La niña se mecía para atrás y para adelante en el extremo de la asta y gritó, "Tú no eres mi madre. No tengo que hacer lo que me digas."

La madrastra, preocupada de que la niña pequeña podría caerse, se quedó todo el día al pie de la asta de la bandera. Cuando la niña tuvo hambre y se cansó, se bajó y la madrastra se la llevó a la casa y le dio de cenar. No le dijo nada al fabricante de instrumentos. El tenía mal genio, y podría pegar a la pequeña niña.

Así pasaron todos los días de la gallinera en el pueblo. La mujer quien una vez había sido tan bonita se enflaquecía y se cansaba por las travesuras de los hijos de su esposo. Y aun así, calladamente componía todo, y nunca se quejó.

La gallinera gastó todo el dinero que ganaba vendiendo a los huevos de sus gallinas apasiguando a los mercaderes del pueblo por la destrucción causada por los niños feroces y salvajes.

Even the roosters were not safe from the children. She found that the children had plucked the feathers from the wings of the proudest rooster and glued them on the cat's tail.

As she patiently cleaned the poor cat, she wept. But she did not tell the instrument maker what his children had done, for she could not bear to see them thrashed.

The shopkeepers and merchants saw all this, and they said to each other, "See, that poor woman can not manage those children. They manage her instead." And they were right.

Still, the poultry woman kept her promise. She loved the instrument maker's children as much as she did her own dear little daughter.

After a time, the instrument maker said, "You are no longer young and pretty, wife." The woman knew it was true, and she said nothing.

The last day, when their father was out buying supplies, and the poultry woman was out in the yard tending her chickens, the ferocious children stole into the instrument maker's shop.

Hasta los galllos no estaban seguros de los niños. Ella descubrió que los niños habían arrancado a las plumas de las alas de su gallo más orgulloso y los habían pegado a la cola del gato.

Mientras con paciencia limpió al pobre gato, lloró. Pero no le contó al fabricante de instrumentos lo que sus hijos habían hecho, porque no podía soportar verles ser pegados.

Los tenderos y mercantes vieron todo esto, y se decían el uno al otro, "Mira, esa pobre mujer no puede controlar a esos niños. Por lo contrario, ellos la controlaban a ella. Y estaban en lo cierto.

Sin embargo, la mujer gallinera cumplió su promesa. Amó a los hijos del fabricante de instrumentos tanto como a su propia querida hijita.

Después de un tiempo, el fabricante de instrumentos dijo, "Esposa, ya no eres joven y bonita." Y la mujer sabía que era cierto y no dijo nada.

El último día, cuando su padre andaba comprando provisiones, y la mujer gallinera estaba afuera en el patio cuidando a sus gallinas, los niños feroces a escondidas se metieron al taller del fabricante de instrumentos.

They found the glue pots and paint bowls. They took out the long horse hairs that their father used to make violin bows. They glued the horsehairs to their clothes and pretended that they were horses. They took the flutes apart to use as pea shooters and pasted the reeds with glue and sawdust.

The oldest boy gave a beautiful mandolin to the baby to play with, and he bounced it on the floor as his brother and sisters made merry mischief.

The children even made a stack of the finest wooden soundboards their father had made and played teeter totter on them. Gleefully, they had torn apart all the things the instrument maker used to make his living.

When the poultry woman found them and started to scold them, the children said, "You are not our mother. We don't have to do what you say." And then they ran away from her.

She set about fixing the shop. All day she worked. Late into the night she worked. The poor woman was exhausted. Bits of glue stuck to her hair and sawdust covered her clothes. Finally the instrument maker's shop was back in order.

Hallaron a las ollas de pegadura y tazones de pintura. Sacaron a los pelos largos de caballo que su padre usaba para hacer los arcos de los violines. Pegaron a los pelos de caballo a su ropa e imaginaban que eran caballos. Desarmaron las flautas para hacer cerbatanas y empaparon a las lengüetas con pegadura y aserrín.

El niño mayor le dio una hermosa mandolina al bebé para que jugara con él, y él lo botó contra el piso mientras que su hermano y hermanas hacían travesuras divertidas.

Los niños hasta hicieron un montón con las tablas de armonía más finas que su padre había hecho y jugaron al sube y baja en ella. Con regocijo, habían despedazado a todas las cosas que el fabricador de instrumentos usaba para ganarse la vida.

Cuando la gallinera los encontró y empezó a regañarlos, los niños dijeron, "Tú no eres nuestra madre. No tenemos que hacer lo que tú nos digas." Y luego se corrieron de ella.

Ella se puso a componer al taller. Trabajó toda el día. Hasta muy tarde en la noche trabajó. La pobre mujer estaba agotada. Trocitos de pegadura se pegaron a su cabello y aserrín cubría su ropa. Finalmente el taller del fabricante de instrumentos estaba en orden de nuevo.

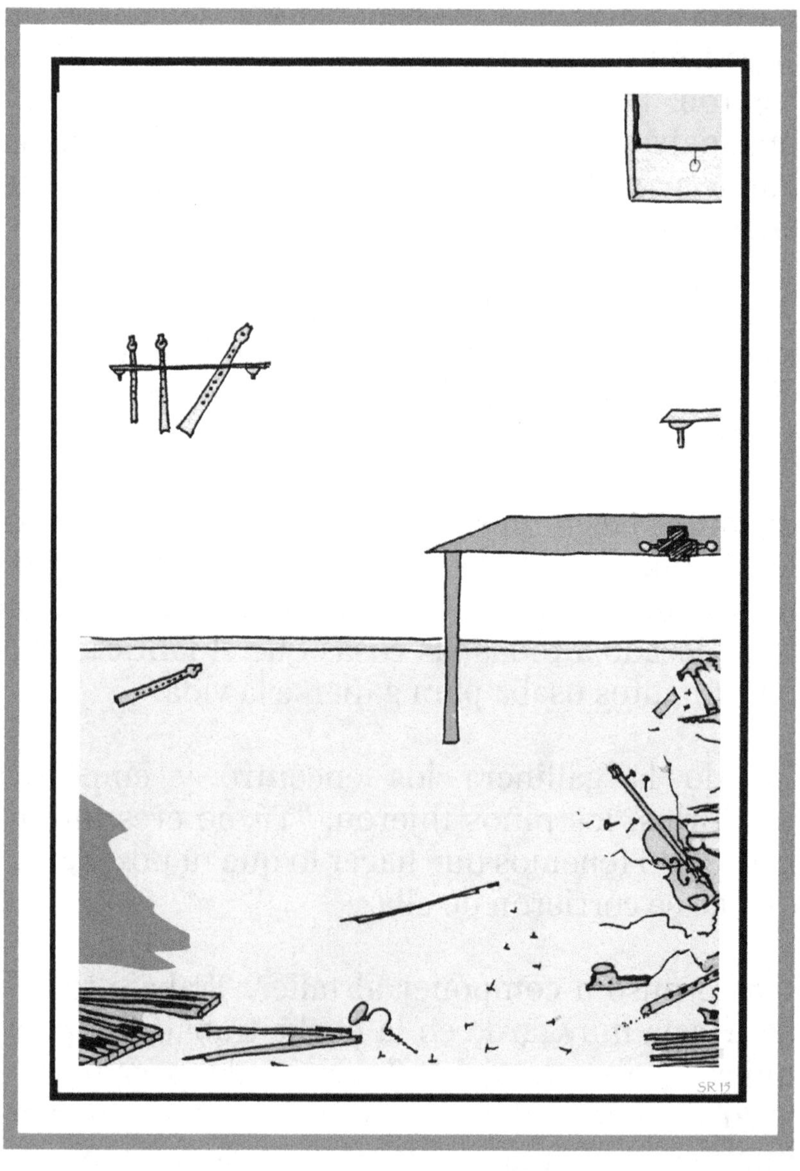

When her husband came home, he said, "Look at you. You used to be a pretty woman. I do *not* wish to be married to someone who looks like you." Disgust was in his voice.

The poultry woman was too tired to argue. She merely said, "What I have done, I have done for you and your children. What I am, I became for you and your children. I will take my little daughter and my chickens away. We will go back to the country and live our old life."

In the morning the instrument maker hired a wagon and sent his second wife away. The poultry woman and her daughter passed the shops and the shopkeepers came to their doors. "It is for the best," they said to one another. "She could never manage those fierce children."

The good stepmother and her little daughter found their country cottage just as they had left it, and they put away their things.

The woman went to settle her hens in their old home and give them food and water, and went into the house. Soon, though, her little daughter came running. "Mother, Mother! Someone is coming!" the little girl cried.

Cuando su esposo regresó a casa, dijo, "Mírate. Fuiste una mujer bonita. *No* deseo estar casado con alguien que se ve como tú." Había disgusto en su voz.

La gallinera estaba demasiada cansada para discutir. Solamente dijo, "Lo que he hecho, lo he hecho para usted y sus hijos. Lo que soy, lo llegué a ser para usted y sus hijos. Me llevaré a mi hijita y a mis gallinas de aquí. Nos regresaremos al campo y viviremos nuestra vida vieja."

En la manaña el fabricante de instrumentos empleó una carreta y mandó irse a su segunda esposa. La gallinera y su hija pasaron las tiendas y los tenderos vinieron a sus puertas. "Es para bien," se decían el uno al otro. "Nunca podría controlar a eso niños feroces."

La madrastra buena y su hijita hallaron a su casita en el campo tal como la habían dejado y guardaron sus cosas.

Ella fue a acomodar a sus gallinas en sus hogares viejos y les dio comida y agua, y entró a su casita. Pero, dentro de poco, su hija vino corriendo, "¡Mamá, mamá!' ¡Álguien viene! gritó la niñita.

The poultry woman looked down the road and saw dust clouds. “Surely, there was someone coming,” the woman thought.

As she and her daughter watched, the dust became a peddler’s wagon. When it came to her cottage, it stopped. The instrument maker’s four fierce children climbed out. The children came into the cottage yard and hung their heads shyly. The poultry woman’s daughter peeked at them from behind her mother’s skirts. The little girl smiled.

At last the oldest child, who was holding the baby in his arms, said humbly, “You are our mother. You can tell us what to do.” And the ferocious girl who had climbed the flagpole said, “We want to stay here with you. You are the only one who ever loved us.”

The poultry woman’s daughter nodded her head yes, and the baby held out his arms to the poultry woman. Their mother said to them, “I will not return to your father.”

The children said, “We know.” And they all lived happily ever after, in the cottage in the country. For all love stories have happy endings, but sometimes they are not the ones we expect.

*

La gallinera miró por el camino y vio a nubes de polvo. "Seguramente, venía alguien," la mujer pensó.

Mientras que ella y su hija miraban, el polvo se convirtió en una carreta de buhoneros. Cuando llegó a su casita, se paró. Los cuatro niños feroces del fabricante de instrumentos se bajaron. Los niños entraron al patio de la casita e inclinaron sus cabezas tímidamente. La hija de la gallinera asomó a verles detrás de las faldas su mamá. La niñita sonrió.

Al fin el niño mayor, quien llevaba al bebé en sus brazos, dijo con humildad, "Usted es nuestra madre. Usted puede decirnos lo que debemos hacer." Y la niña feroz quien se había subido a la asta de la bandera dijo, "Queremos quedarnos aquí con usted. Usted es la única que jamás nos ha amado."

La hija de la gallinera asintió que sí con su cabeza, y el bebé se le estrechó los brazos a la gallinera. Su madre les dijo, "No regresaré a tú padre."

Los niños dijeron, "Sabemos eso." Y todos vivieron felices para siempre, en la casita en el campo. Porque todos los cuentos de amor tienen que acabar felízmente, pero a veces no como lo supongamos.

*

THE END

FIN

~~~~~
~~~~~

THE WOODSWOMAN'S JEWELS

A long time ago, in some different country, there was little village. Behind the village there were pastures where shepherds grazed their flocks of sheep. Behind this open land was a thick, dark and deep woods where tall trees rew near together, and the ground was always cool and fragrant.

Far inside the deep woods lived an old woodswoman. She had a hut made from the bark of trees, and she earned her living by fixing meals for the hunters and woodcutters that came into the forest.

Once the woman had had a son, but he had grown and gone to live in the village many years before. Sometimes the woodcutters would tell the old woodswoman of him and his life in the village, and the woodswoman would be happy.

But she never went to the village. She had been a woodswoman too long, and her ways were not village ways.

LAS JOYAS DE LA BOSQUEÑA*

Hace much tiempo, en algún país diferente, había una pequeña aldea. Detrás de la aldea había pasturas donde los pastores apacentaban a sus rebaños de ovejas. Detrás de este campo abierto había un bosque espeso, oscuro y profundo donde árboles altos se crecían casi juntos, y la tierra siempre estaba fresca y fragrante.

Muy al interior del bosque profundo vivía una viejita bosqueña. Tenía una choza hecha de la corteza de árboles, y se ganaba la vida preparando comida para los cazadores y leñadores quienes entraban al bosque.

La mujer había tenido un hijo, pero éste creció y se fue a vivir a la aldea muchos años antes. A veces los leñadores le contaban a la vieja bosqueña de él y de su vida en la aldea, y la bosqueña estaría feliz.

Perro nunca fue a la aldea. Había sido una bosqueña demasiado tiempo, y sus costumbres no eran los costumbres de la aldea.

*Se le pide al lector que se perdone la introducción de la palabra "bosqueña" la cual no existe en español. Con su indulgencia, ha sido derrivada dentro de las reglas de morfología usadas por el hombre común para estar más fiel al significado del inglés "woodswoman."

SR 84

The seasons of the woodswoman's life were full. In the spring she would hear laughter, and she would stop her work to creep through the trees to the very edge of the dark woods to watch the village children romping and playing in the fields.

In the summer, the woodcutters came by her hut laden with kindling and dry branches for the village fires. They would rest and tell her stories of the village.

In the autumn, hunters would come wearing bright clothing and shouting with excitement in the chase.

And in the winter, when no one came near the cold forest, the old woodswoman warmed herself at a fire made from the branches left to her by the woodcutters, and she ate food left to her by the hunters.

Her only visitors during the cold time were the small wild creatures of the woods. She found food for them and did not mind when mice and other little animals came into her hut to warm themselves. She was content with her life in the woods.

Las temporadas de la vida de la bosqueña eran llenas. En la primavera oía risa y dejaba su trabajo para treparse por entre los árboles a la mera orilla del bosque oscuro para mirar a los niños de la aldea brincando y jugando en los campos.

En el verano, los leñadores pasaban por su choza cargados de leña y ramas secas para los fuegos de la aldea. Se descansaban y le contaban cuentos de la aldea.

En el otoño, los cazadores llegaban con su ropa de colores brillantes gritando con entusiasmo en la perseguida.

Y en el invierno, cuando nadie se acercaba al bosque frío, la bosqueña vieja se calentaba al fuego hecho de las ramas que le habían dejado los leñadores, y comía comida que le habían dejado los cazadores.

Sus únicas visitas durante el tiempo frío eran las pequeñas criaturas salvajes del bosque. Les halló comida para ellas y no le molestó cuando ratoncitos y otros animalitos entraban a su choza para calentarse. Estaba contenta con su vida en el bosque.

One summer, when the woodcutters came into the forest, they told the old woodswoman that her son had taken a wife, and that during the cold winter her son's wife had borne a beautiful little daughter.

The old woodswoman's heart was full at this news, and she knew that all the love she had had for her son, she had also for his child. The woodswoman decided to make a present for her granddaughter and go to the village.

She went out to the deepest part of the woods. Beneath the tallest trees she found tiny violet flowers blooming in the moss and took them back to her hut. She wove them into a baby dress. She loved the new child so much that the gift of beauty was woven into the fabric with the flowers so that whomever wore the dress would see only beauty.

When she was done, the old woodswoman took the dress of violet flowers and left her dark, deep woods and crossed the fields. She went to the village.

But when she came to the village, the villagers stared at her because her ways were not village ways.

Un verano, cuando los leñadores entraron al bosque, le dijeron a la vieja bosqueña que su hijo se había tomado una esposa, y que durante el invierno frío la esposa de su hijo había dado luz a una hermosa hijita.

El corazón de la bosqueña vieja estaba llena con estas noticias, y sabía que todo el amor que ella había tenido para su hijo, también lo tenía para su hija. La bosqueña decidió hacerle un regalo para su nieta e ir a la aldea.

Ella se fue a la parte más profunda del bosque. Debajo de los árboles más altos encontró florecitas violetas floreciendo en el musgo y se las llevó devuelta a su choza. Las tejió en un vestido para bebé. Amaba a la niña nueva tanto que el don de la belleza fue tejida en la fábrica con las flores así que cualquiera que se vestía con el vestido vería solamente belleza.

Cuando acabó, la vieja bosqueña tomó el vestido hecho de florecitas violetas y dejó su bosque oscuro profundo y atravezó a los campos. Fue a la aldea.

Cuando llegó a la aldea, los aldeanos la miraron fijadamente, porque sus costumbres no eran los costumbres de la aldea.

One haughty young woman came up to her and asked her what her business was in the village.

The old woodswoman told the young woman her son's name and said that she had come to see his child and give the baby a gift.

The young woman answered that she herself was the wife of the woodswoman's son.

She smiled at the woodswoman and asked her to wait in the village until mid-day. Then, when the child would awaken, the old woman could come to her house.

The woodswoman did not know the ways of the village, and not wanting to offend her son's wife, she patiently waited in the village until mid-day.

She went to the house. Her heart was beating fast with anticipation as she knocked at the door. She knocked again, but there was no answer. She knocked again, but there was still no answer.

The young woman was frightened by the strangeness of the old woodswoman. She had taken her child and gone to hide until the old woman went away.

Una mujer joven altanera se le acercó y le preguntó que qué asunto tenía en la aldea.

La bosqueña vieja le dijo a la mujer joven el nombre de su hijo y dijo que había venido a ver a su hija y darle al bebé un regalo.

La mujer joven le respondió que ella misma era la esposa del hijo de la bosqueña.

Se sonrió a la bosqueña y le pidió que se esperaba en la aldea hasta el mediodía. Luego, cuando la niña se despertaba, la viejita podría venirse a su casa.

La bosqueña no conocía a los costumbres de la aldea, y no queriendo ofender a la esposa de su hijo, esperó pacientemente en la aldea hasta el mediodía.

Se fue a la casa. Su corazón latía rápidamente con anticipación al llamar a la puerta. Volvió a llamar a la puerta, pero no había repuesta. Volvió a llamar a la puerta, pero todavía no había respuesta.

La mujer joven se había asustada por la extrañeza de la vieja bosqueña. Se había llevado a su hija y se había ido a esconderse hasta que la viejita se fuera.

The old woodswoman knocked a last time, and then she turned and went from her son's house. As she slowly walked out of the village she saw the bright colors of the flowers in the village window boxes, and she looked sadly at the dress she had made.

She knew that a dress made of moss violets was not worthy of a village child, and as she passed a little beggar girl, she gave her gift away.

The old woman crossed the fields to the woods. As she crossed the open land, her tears fell to the ground. The old woman now knew sorrow.

Back in the dark forest, her tears dried and her heart began to mend. She prepared meals for the huntsmen who came in the autumn, and when winter arrived she found snowberries to share with the mice and small creatures.

But in the spring, when she crept to the edge of the woods to watch the village children romp and chase utterflies in the fields, her sadness returned. She thought of the baby, the child of her own child, and she longed to see the little girl.

La bosqueña vieja llamó a la puerta por última vez, y luego dio la vuelta se fue de la casa de su hijo. Al caminar lentamente de la aldea, vio los colores brillantes de las flores en las cajas de las ventanas, y miró tristemente al vestido que había hecho.

Sabía que un vestido hecho de flores violetas de musgo no era digno de una niña de la aldea, y cuando pasó a una pequeña niña mendiga, se la regaló su regalo.

La mujer vieja cruzó los campos al bosque. Al cruzar al campo abierto, sus lágrimas se caían a la tierra. La viejita ahora sabía lo que era el pesar.

Devuelta en su bosque oscuro, se secaron sus lágrimas y su corazón empezó a enmendar. Preparó comidas para los cazadores quienes llegaban en el otoño, y cuando el invierno llegó halló moras de nieve para compartir con los ratones y criaturitas.

Pero en la primavera, cuando se trepó a la orilla del bosque para ver a los niños de la aldea brincar y perseguir a las mariposas en los campos, su tristeza volvió. Pensó en el bebé, la hija de su propio hijo, y anhelaba ver a la niña pequeña.

In the summer, the woodcutters came into the forest and told the old woodswoman of the little girl. They told her that her granddaughter was learning to talk and she had a bright smile. The woodswoman decided to make a better gift and go to the village again.

The old woman gathered bits of soft fur from the nests of all the wild animals who shared her hut in the winter, and she made a soft pillow for her granddaughter. She loved the child so much that the pillow had the power to give whomever slept on it sweet dreams. The woodswoman's granddaughter would never have terrors in the night.

Once again, the woodswoman left her safe woods. he went to the village. When she had crossed the field and come to the edge of the village, she saw her son's wife talking to other village women. The old woodswoman called to her and asked if she might see the child and give her a gift.

The young woman was startled by the strange old woman's return, but she spoke graciously. She told the old woman to wait until mid-day, then she could come to her son's and the young woman's house.

En el verano, los leñadores vinieron al bosque y le contaron a la vieja bosqueña de la pequeñuela. Le dijeron que su nieta estaba aprendiendo a hablar y que tenía una sonrisa brillante. La bosqueña decidió hacer un regalo mejor e ir a la aldea otra vez.

La viejita juntó trocitos de pelo suave de los nidos de todos los animales salvajes que compartían su choza durante el invierno, e hizo una almohada suave para su nieta. Amaba a la niña tanto que la almohada tenía el poder de dar a cualquiera que se durmiera sobre ella sueños dulces. La nietecita de la bosqueña nunca tendría terrores en la noche.

Una vez más, la bosqueña dejó a su bosque seguro. Fue a la aldea. Cuando había cruzado al campo y había llegado a la orilla de la aldea, vio a la esposa de su hijo hablando con otras mujeres de la aldea. La vieja bosqueña la llamó y le preguntó si podría ver a la niña y darle un regalo.

La mujer joven fue sorprendida por el regreso de la extraña mujer vieja, pero le habló con gracia. Le dijo a la vieja que esperara hasta el mediodía, luego podría venirse a la casa de su hijo y de la mujer joven.

The woodswoman waited at the edge of the village until mid-day. She held her gift tightly, and her heart was beating fast. She so longed to see her granddaughter that she did not mind the stares of the villagers, and when midday came, she went to see the little girl.

Again the old woodswoman knocked and knocked. But again, the child's mother had been frightened of her. and the mother had taken the child away to hide until the woodswoman went away.

The woodswoman turned to leave her son's house. As she walked through the village she saw all the fat ducks and chickens with their fine feathers. She looked down at the pillow she had made for her granddaughter. She knew that a fur woods pillow was not worthy of a village child. She gave it to a beggar boy as she passed through the entrance the village.

As she crossed the fields, her tears fell to the ground. She wept silently until she was once again in the dark, deep woods. Her life was the same then, and it comforted her.

In the spring, children once again laughed in the fields where the woodswoman's tears had fallen.

La bosqueña se esperó a la orilla de la aldea hasta el mediodía. Sujetó su regalo apretadamente, y su corazón latía rápidamente. Anhelaba tanto ver a su nieta que no le importó las miradas fijas de los aldeanos, y cuando llegó el mediodía, fue a ver a la niñita.

Otra vez la vieja bosqueña llamó y llamó a la puerta. Pero otra vez, la madre de la niña había sido asustada de ella, y la madre se había llevado a la niña a esconder hasta que la bosqueña se fuera.

La bosqueña se dio la vuelta para irse de la casa de su hijo. Al caminar por la aldea vio a todos los patos gordos y gallinas gordas con sus plumas finas. Miró abajo a la almohada que había hecha para su nieta. Sabía que una almohada de pelo del bosque no era digna de una niña de la aldea. Se lo regaló a un niño mendigo al pasar por la entrada de la aldea.

Al cruzar los campos, sus lágrimas cayeron al suelo. Lloró calladamente hasta que de nuevo estaba en el oscuro bosque profundo. Entonces su vida estaba como siempre, y eso la confortaba.

En la primavera, los niños una vez más se reían en los campos en donde las lágrimas de la bosqueña se habían caído.

In the summer, woodcutters told the old woman of her son's child. They told her the little girl had hair the color of the deep, dark forest. Her eyes were the color of violet moss flowers. The old woman longed to see the child for herself.

She chose, at last, to make another gift, the best gift a woodswoman could make. Then she would go to the village one last time.

She went through the forest finding all its treasures. She found cinnamon-fragrant leaves bebneath the tall trees. She found the softest pale mosses. She found golden colored lichens and bright blue feathers that had fallen from the tips of bird's wings Then she took strips of the finest, most velvet-like birch bark, and she wove a marvelous shawl from all these things.

The old woodswoman loved her son's child so much that the shawl had the power of making whomever wear it understand all the thoughts of all other creatures. It was a truly wonderful gift.

She left the woods again and went across the fields to the village. At the edge of the village she saw her son's wife with other women. The woodswoman called to her. She asked to see her granddaughter.

En el verano, los leñadores le contaron al la mujer vieja de la niña de su hijo. Le contaron que la niñita tenía el cabello del color del profundo, bosque oscuro. Sus ojos eran del color de las flores violetas del musgo. La viejita anhelaba ver a la niña por sí misma.

Escogió, al fin, hacer otro regalo, el mejor regalo que una bosqueña pudiera hacer. Luego se iría a la aldea una última vez.

Se fue por el bosque buscando a todos sus tesoros. Encontró hojas de fragante canela debajo de los árboles altos. Encontró los musgos más suaves y pálidos. Encontró a liquenes de color dorado y plumas de azul brillante que se habían caído de las extremidades de las alas de los pájaros. Luego tomó tiras de la más fina, más como terciopelo de la corteza de abedul, y tejió un mantón maravilloso de todas estas cosas.

La bosqueña vieja amaba a la niña de su hijo tanto que el mantón tenía el poder de dar a cualquiera que se lo pusiera el entendimiento de todos los pensamientos de todas las demás criaturas. Fue verdaderamente un regalo maravilloso.

Salió del bosque otra vez y cruzó a los campos a la aldea. A la orilla de la aldea vio a la esposa de su hijo con otras mujeres. La llamó y pidió ver a su nieta.

The young woman looked up and was surprised to see that the old woman had returned. But as she had before, she spoke graciously to the woodswoman. “If you will *return* to your woods and wait at the edge of the trees, I shall bring my daughter to you at mid-day,” she said.

The old woman was happy. She went back across the fields thinking of the little girl. She felt the shawl in her hands and she knew it was a worthy gift even for a village child.

The old woodswoman stood by the trees at the edge of the forest, and she waited for her granddaughter. She waited the morning long. At mid-day, she looked out across the fields to see if they were coming, but she saw no one.

She waited still, and rested her back against a tall tree. Finally sunset came, but no one had come from the village.

The woodswoman saw evening darken the colors of the distant village and creep across the fields. When the colors of the village and the fields were as dark as the dark, deep woods, she went back among the trees and into the forest.

La mujer joven alzó la mirada y fue sorprendida de ver que la viejita se había regresado. Pero como antes, le habló con gracia a la bosqueña. "Si usted *regresa* al bosque y espera a la orilla de los árboles, yo le traeré a mi hija al mediodía," dijo.

La mujer vieja estaba feliz. Regresó por los campos pensando en la niñita. Tentó al mantón en sus manos y sabía que era un regalo digno aun hasta de una niña de la aldea.

La vieja se paró junto a los árboles a la orilla del bosque y esperó para su nieta. Esperó toda la mañana. Al mediodía, miró por los campos para ver si venían, pero no vio a nadie.

Siguió esperando, y descansó a su espalda contra un árbol alto. Finalmente llegó la puesta del sol, pero nadie había llegado desde la aldea.

La bosqueña vio al anochecer oscurecer a los colores de la aldea distante y deslizarse por los campos. Cuando los colores de la aldea y los campos estaban tan oscuros como el oscuro, bosque profundo, regresó por entre los árboles y en el bosque.

The old woman lay down on the ground and pulled the shawl around her.

The shawl gave her the gift of understanding the thoughts of all creatures. She knew then that it was not her gifts that were unworthy, but her own strange ways.

And she knew then that she would never go to the village again. She would never see her son's child. She lay under the shawl in the dark forest and died.

In the autumn,. leaves fell from the trees and covered the shawl until there was no sign that the woodswoman had ever been there. Hunters came, and found her hut empty.

Snow fell when winter came. No one fed the little wild creatures.

In the spring, violet moss flowers grew where the shawl had been. The woodswoman was now part of the forest itself. Children again came to play inthe fields at the edge of the woods, and with them came the woodswoman's granddaughter.

La mujer vieja se acostó sobre la tierra y se jaló al mantón alrededor de ella.

El mantón le dio el don de entender a los pensamientos de todas las criaturas. Entendió entonces que no fue que sus regalos no fueron dignos, pero sus propias costumbres extrañas.

Y entonces supo que nunca volvería a la aldea jamás. Nunca iba a ver a la niña de su hijo. Se acostó debajo del mantón en el bosque oscuro y se murío.

En el otoño, hojas de los árboles cayeron y cubrieron al mantón hasta que no hubo señas de que la bosqueña jamás hubiera estado allí. Los cazadores vinieron, y encontraron a su choza vacía.

La nieve cayó cuando llegó el invierno. Nadie les dio de comer a las criaturitas salvajes.

En la primavera, las flores de violeta del musgo crecieron donde había estado el mantón. La bosqueña ahora era parte del bosque mismo. Los niños vinieron a jugar en los campos a la orilla del bosque, y con ellos venía la nieta de la bosqueña.

SR 15

The child was as beautiful as the woodcutters had said. Her hair was as dark as the deep, dark woods. Her eyes were like violet moss flowers.

She was still very young, and she stumbled on fat, baby legs after the other village children. Her legs could not keep up with them. But she was a merry child and she laughed and followed the others.

When it was nearly mid-day, the children began a game and they searched the ground for round pebbles to roll in a game. The woodswoman's granddaughter imitating them, began to look for pebbles too.

She saw something shining in the field and reached down to pick it up. It was a small teardrop shaped jewel. She put the lovely shining stone into her pocket. Soon she saw another, and then another.

As the wee girl picked them up, the other children watching her went running to tell of such a wonderful thing. At the edge of the fields, just where the trees began, the little girl found the last jewel. Her apron and pockets were full of the jewels she had found.

La niña era cuan hermosa como los leñadores habían dicho. Su cabello era cuan oscuro como el profundo, bosque oscuro. Sus ojos eran como flores violetas del musgo.

Todavía era muy joven, y se tropezaba en piernas gordas de bebé tras los otros niños de la aldea. Sus piernas no podían mantener el paso con ellos. Pero era una niña alegre y se reía y seguía a los demás.

Cuando era casi el mediodía, los niños empezaron un juego y buscaron por la tierra para piedritas redondas para rodar en la tierra en un juego. La nieta de la bosqueña imitándoles, empezó a buscar para piedritas también.

Vio algo brilloso en el campo y se estrechó para cogerlo. Era una joya con la forma de una pequeña gota de lágrima. Puso a la hermosa brillosa piedrita en su bolsillo. Pronto vio otra, y luego otra.

Mientras que la pequeñuela las recogía, los otros niños viéndola se fueron corriendo a contar de tal cosa maravillosa. A la orilla de los campos, mero donde los árboles empezaron, la pequeñuela halló a la última joya. Su delantal y bolsillos estaban llenas de joyas que había encontrado.

The villagers all came running to see the child and her jewels. They carried the little girl back to the village in great honor. and ever after she was held in highest regard in that entire land for she was the child who looked for stones and found jewels.

When she was very small, she played with the brilliant stones. She would not leave home without some of them in her pocket.

No one in the village thought of taking them from her, for they rightly belonged to the child who had found them.

As the girl grew older, her mother strung the jewels for her.

The village woman did not know that she was stringing the tears of the old woodswoman. The village woman braided the jewels into the child's hair and embroidered them onto the bodice of her daughter's dress.

Everywhere the child went, her grandmother's jewels protected her. She never knew sorrow, and sadness never touched her.

Todos los aldeanos vinieron corriendo a ver a la niña y sus joyas. Llevaron a la niña de regreso a la aldea con gran honor, y desde aquel día la tuvieron en la estima más alta en esa tierra por que ella era la niña quien buscó piedritas y halló joyas.

Cuando era muy pequeña, jugó con las piedritas brillantes. No salía de su casa sin algunas de ellas en su bolsillo.

Nadie en la aldea pensó quitárselas, porque ciertamente pertenecían a la niña que las había encontrado.

Al madurar la chica, su madre enhiló a las joyas para ella.

La mujer de la aldea no sabía que estaba enhilando a las lágrimas de la bosqueña vieja. La mujer de la aldea trenzó las joyas en el cabello de la chica y se las bordó al jubón del vestido de su hija.

Todos lugares en donde se iba la chica, las lágrimas de su abuela la protejaban. Nunca supo pesar, y la tristeza nunca la tocó.

Throughout her life, the woodswoman's granddaughter found she was most happy when she would go into the woods.

She was never afraid there. She found bits of food for the little wild creatures. She gathered violet moss flowers.

She saw beauty everywhere and felt herself surrounded by love.

*

Por lo largo de su vida, la nieta de la bosqueña halló que estaba más feliz cuando entraba al bosque.

Nunca tuvo miedo allí. Encontraba trocitos de comida para las criaturitas salvajes. Juntaba flores violetas de musgo.

Veía belleza por todos lugares y se sentía rodeada de amor.

*

THE END

FIN

~~~~~
~~~~~

A STORY OF SMALL MAGIC

In the village of artisans, in the kingdom of a good king, a boy was born. The boy was not like other boys. At first his parents did no realize this, for he was a beautiful child. He had great green eyes and a well formed body. But soo they could see that he was different from other children.

He could not learn things as other children did. As he grew older, the villagers saw this too, but as he never caused any trouble to anyone, no one minded if he wandered about.

The boy could do many things. He could care for himself in some ways. He could feed himself, and he dressed himself. He never got lost. Though he sometimes wandered far away, he always got himself back home. And, he seemed to understand that it was wrong to hurt or harm other creatures, for he never caused the least little harm to any living thing.

But the boy could not do many things. Although he could hear noises, he did not seem to be able to understand people's speech. He never talked at all.

UN CUENTO DE MAGIA PEQUEÑA

En una aldea de artesanos, en el reino de un buen rey, un niño nació. El niño no era como otros niños. Al principio sus padres no se dieron cuenta de esto, porque era un niño hermoso. Tenía grandes ojos verdes y un cuerpo bien formado. Pero pronto podrían ver que él era diferente de otros niños.

No podía aprender cosas como lo hacían otros niños. Al crecer más, los aldeanos vieron esto también, pero como nunca causó problemas a nadie, no le hacían caso si se vagaba por aquí y por allá.

El niño podía hacer muchas cosas. Se podía cuidarse de si mismo en algunas maneras. Podría alimentarse a sí mismo, y se vistió a sí mismo. Nunca se había extraviado. Aunque a veces se vagaba lejos, siempre se regresaba a casa solito. Y, parecía entender que era malo lastimar o dañar a otras criaturas, porque nunca causó ni el más mínimo daño a cualquier criatura viviente.

Pero el niño no podía hacer muchas cosas. Aunque podía oir ruidos, no parecía entender el habla de gente. Nunca habló jamás.

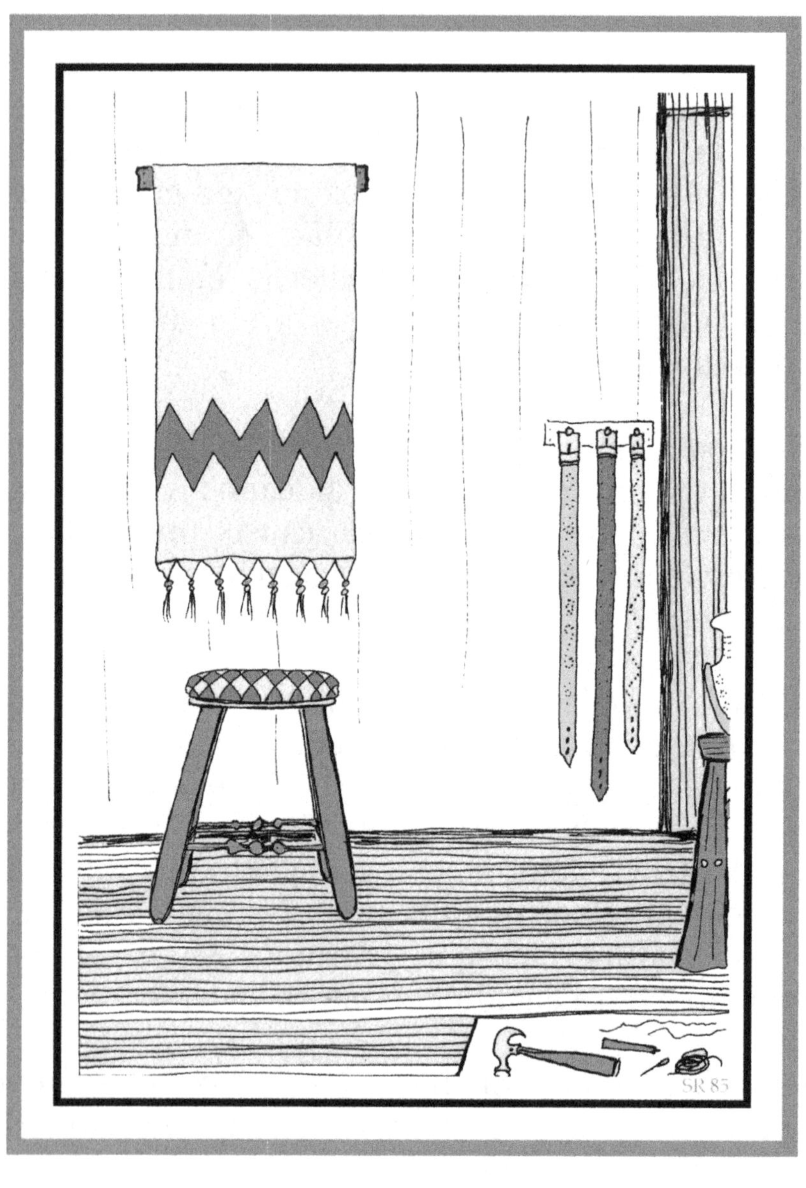
SR 85

SR 85

He could not play as other boys did. He would make strange motions with his hands and he would twirl around and around, but he never tried to climb a tree or play tag. No one had ever heard him speak, and no one had ever seen him cry.

In spite of this, the village children loved the boy as his parents did.

The children often came and took him by the hand and led him to play with them. They would try to get him to play games. They would throw a ball to him, and sometimes he would smile and try to catch it. But usually he did not. He seemed happy to be with them though, and the children liked to take care of him.

The village children knew that this different boy, was not like other boys. To them, he was a magic boy.

He could not do the sort of wonderful tricks that the children had seen at carnivals. He could not pull rabbits out of hats or coins out of ears. But he could do a small magic.

If the boy waved his hands in a certain way, he could make the birds in the trees near the children's playground sing and chatter.

No podía jugar como lo hacían los otros niños. Hacía movimientos extraños con sus manos y daba vueltas y vueltas, pero nunca trató de treparse a un árbol o de jugar al quien se le toca tiene que perseguir. Nadie jamás le había oido hablar, y nadie jamás le había visto llorar.

A pesar de esto, los niños de la aldea amaban al niño tal como lo hacían sus padres.

Frecuentemente los niños venían y le agarraban de la mano y le condujeron a jugar con ellos. Trataban de hacerle jugar juegos. Le aventaban una pelota, y aveces se sonreía e intentó atraparla. Pero por lo regular no lo hacía. Pero parecía estar feliz de estar con ellos, y a los niños les gustaba cuidar de él.

Los niños de la aldea sabían que este niño diferente, no era como los otros niños. Para ellos, él era un niño mágico.

Él no podía hacer el tipo de trucos maravillosos que los niños habían visto en los carnavales. No podía sacar conejos de sombreros ni monedas de orejas. Pero él podía hacer una magia pequeña.

Si el niño movía a sus manos en cierta manera, podría hacer que los pájaros en los árboles cerca al patio de recreo de los niños empezaran a cantar y piar.

If the boy was with them and it began to rain, the boy could use his magic to make the raindrops stop until all the games were over.

He couldn't do big magic like pulling rabbits out of hats. But if the children talked about rabbits when they were with the boy, he would look up at the sky and soon the puffy white clouds would take the shape of rabbits.

Once to test him, the children talked of Africa and the great elephants there, and the boy looked up in the sky. Soon the cloud shapes changed and became circus elephants, marching in a ring, trunk to tail. The children clapped and laughted, and the boy made the wind move the clouds so that the elephants marched backwards and forwards and stood on their heads all afternoon.

Wherever he went, flowers would turn toward the boy just as sunflowers turn toward the sun.

The people in the village were artisans, they were busy with the fine things that they made. They were too busy weaving, building, molding and painting to notice the children.

Si el niño estaba con ellos y se empezaba a llover, el niño podía usar su magia para hacer que las gotas de lluvia se pararan de caer hasta que todos los juegos se habían acabado.

Él no podía hacer magia grande como sacar a conejos de sombreros. Pero si los niños hablaban de conejos cuando estaban con el niño, él se miraba hacia el cielo y de pronto las blancas nubes amontonadas tomaban la forma de conejos.

Una vez para ponerle a prueba, los niños hablaron de África y los elefantes grandes de allí, y el niño miró hacia el cielo. De pronto las formas de las nubes se cambiaron y tomaron la forma de elefantes del circo, marchando en un ruedo, tronco a cola. Los niños aplaudieron y se rieron, y el niño hizo que el viento moviera a las nubes para que los elefantes se marchasen para atrás y para adelante y a pararse de cabeza toda la tarde.

Dondequiera que él se iba, las flores se volteaban hacia el niño tal como girasoles se voltean hacia el sol.

La gente de la aldea eran artesanos. Estaban ocupados con las cosas finas que hacían. Estaban demasiado ocupados tejiendo, construyendo, moldeando y pintando para tomar nota de los niños.

None of them noticed the boy who was not like others.

When the boy was old enough, his parents took him to the school. But he could not learn to read or do the simplest mathematics. When the teacher put a pencil into the boy's hand, the boy could not learn to print his name. He looked at the pencil curiously, then put it down. So soon, no one cared whether he went to school or not.

But he caused no trouble, so the teacher let him stay there if he wanted. The children soon found that he could do his magic in the schoolroom too. They could always learn things easier if the boy was there.

Often, when a child was having trouble with his sums or his times-tables, the boy would look at him with his great green eyes, and the child would suddenly know the answers.

But the teacher never suspected, nor did any of the grown people of the village understand the special ways of the boy.

He saved his magic to share with only the children.

Ninguno de ellos notó del niño quien no era como otros.

Cuando el niño tuvo la edad suficiente, sus padres le llevaron a la escuela. Pero no podía aprender ni a leer ni a hacer las cuentas más simples. Cuando el maestro le puso un lápiz en la mano del niño, el niño no pudo aprender a escribir su nombre con letra de molde. Así que pronto, a nadie le importaba si él se iba a la escuela o no.

Pero no causaba problemas, así que el maestro le dejaba quedarse allí si él quería. Los niños pronto se dieron cuenta de que él podía hacer su magia en el salón de estudio también. Siempre podían aprender cosas con más facilidad si el niño estaba allí.

Frecuentemente, cuando un niño estaba teniendo problemas con sus sumas o con sus tablas de multiplicación, el niño le miraba con sus grandes ojos verdes, y el niño de repente sabría las respuestas.

Pero el maestro nunca sospechó, ni ningúna otra de las personas ya crecidas de la aldea entendía a las maneras especiales del niño.

Él guardó su magia para compartirlo solamente con los niños.

No one in the village believed the children when they talked of the magic that the boy did. Their parents just laughed at them. The poor village priest was kind to the children, but he told them that only witches did magic, and witches were banned from the kingdom long ago. The schoolteacher was too learned and wise to believe in magic at all.

No one paid any attention to the children's talk. Even the magic boy's parents would not listen and acted as thought they did not care to hear what the children said.

Only one person really listened to the children. It was the woodworker, Mrs. Posa. She was respected in the village for with her sharp saws and chisels she crafted fine furniture. But she had another skill also, that made her feared. She was the village troublemaker.

With her sharp ears, she heard everything. With her sharp tongue, she told everything. If a man flirted a bit on market day, Mrs. Posa was sure to tell his wife. If a child climbed a forbidden fence, Mrs. Posa was sure to tell his father. If the poor village priest took a coin from the charity box and bought himself a tiny bit of tobacco, Mrs. Posa was sure to tell God.

Nadie en la aldea creía a los niños cuando ellos le contaban de la magia que el niño hacía. Sus padres solamente se reían de ellos. El maestro era demasiado educado y sabio para no creer nada en magia. El pobre cura de la aldea era muy bueno con los niños, pero él les dijo que solamente brujas hacían magia, y que las brujas habían sido desterradas del reino desde hace mucho.

Nadie les prestó atención al habla de los niños. Aun los padres del niño mágico no escucharon y se portaron como que no querían ni oir lo que los niños decían.

Solamente una persona escuchó a los niños. Fue la carpintera, la Señora Posa. La respetaban en la aldea por sus filosos serruchos y escoplos con las cuales creaba muebles finos. Pero también tenía otra habilidad, que la hacía temida. Ella era la chismosa de la aldea.

Con sus oídos agudos, oía todo. Con su lengua filosa, contó todo. Si un hombre coqueteaba un poquito en el día de mercado, la Sra. Posa por seguro se lo contaría a su esposa. Si un chico se trepaba a una cerca prohibida, la Sra. Posa de seguro se lo contaría a su papá. Si el pobre cura de la aldea tomaba una moneda de la caja de caridad y se compraba para sí mismo un poco de tabaco, la Sra. Posa de seguro se lo contaría a Diós.

SR 85

30
70
SR 85

Since her sharp ears heard everything, Mrs. Posa heard the children talking of the boy's magic. She wondered what could be magical about a boy such as he. She decided to follow the children and spy upon them, and see for herself.

At first, Mrs. Posa saw nothing special. She saw the child get the boy and lead him by the hand to play with them. As they played, she began to see.

She saw the boy motion with his hands and a tiny whirlwind came from nowhere and took the cap from the head of one child and set it down on the head of another child. As the children laughed, all their caps were lifted up by little whirlwinds and switched around.

Some bigger children came by and joined them. The children shouted, "Horses! Horses!" And, to please them, the boy waved his hands in the air, and one child after another could see the shape of prancing, dancing horses in the clouds.

It was then that Mrs. Posa saw something that made her very angry. The boy wandered a little ways away. As he moved, tiny wildflowers in the meadow came into bud. They opened, and bloomed. The flowers turned toward him as he wandered through the field.

Siendo que sus oídos agudos oían todo, la Sra. Posa oyó a los niños hablando de la magia del niño. Quería saber que podría ser lo mágico de un niño tal como él. Decidió seguir a los niños y a espiarles y ver por sí misma.

Al principio, la Sra. Posa no vio nada especial. Vio a los niños agarrar al niño y llevarle de la mano a jugar con ellos. Mientras jugaban, ella empezó a ver.

Vio al niño mocionar con sus manos y un pequeño remolino vino de ninguna parte y tomó la gorra de la cabeza de un niño y la puso sobre la cabeza de otro niño. Mientras que los niños se reían, todas sus gorras fueron levantadas por pequeños remolinos y cambiadas de unos a otros.

Algunos niños mayores llegaron y se unieron a ellos. Los niños gritaron, "¡Caballos!¡ Caballos!"
Y, para complacerles, el niño movió sus manos en el aire, y un niño tras otro podía ver la forma de caballos cabriolando, bailando en las nubes.

Eso fue cuando la Sra. Posa vio algo que la hizo muy enojada. El niño se alejó un poco al vagar. Al moverse, pequeñitas flores silvestres en el prado empezaron a brotar. Se abrían, y florecían. Las flores se volteaban hacia él al vagarse por el campo.

The woman realized she had seen this happen each time she had seen the boy. She must have seen flowers turn toward him thousands of times since he was born. Yet she knew she had never noticed it before.

She crept silently away. The more she thought, the angrier she became.

She prided herself on how cleverly she noticed everything that happened in the village. Nothing should happen that she would not know. Yet, here was something she had always seen and never known.

Mrs. Posa knew that the boy was indeed magical, and she hated him.

The woodworker decided that anyone who had tricked her for so long must be a brujo, a witch.

She remembered that the good king had banished witches from the kingdom. She would rid the village of the boy for good. Mrs. Posa planned how she would be rid of him.

La mujer reconoció que había visto esto suceder cada vez que ella había visto al niño. Debió de haber visto a las flores voltearse hacia él miles de veces desde que él nació. Pero sabía que nunca se había fijado de eso antes.

Ella se retiró silenciosamente. Entre más pensaba, más enojada se hacía.

Se enorgullecía de sí misma en que tan astutamente notaba todo lo que pasaba en la aldea. Nada debería de pasar que ella no lo hubiera sabido. Pero, aquí había algo que siempre había visto y nunca lo había sabido.

La Sra. Posa sabía que este niño era de hecho mágico, y ella le odiaba.

La carpintera decidió que cualquiera que la hubiera engañado por tanto tiempo tenía que ser un brujo.

Se acordó de que el buen rey había desterrado a brujas del reino. Ella libraría a la aldea del niño para siempre. La Sra. Posa planeó como se deshecharía de él.

When she went to the villagers and told them that the boy was a witch, they only laughed at her.

This made her even more angry. She went to the village priest, but he told her that the boy did no harm to anyone and sent Mrs. Posa on her way. She went to the mayor, but he would not pay any attention to her either.

Enraged with cruelty, she vowed to be rid of the boy.

Mrs. Posa knew all the secrets of the village and she also knew all the secret places. Behind the church there was a little room. It was covered with dirt and brambles and even the priest had long forgotten that it was there.

One morning after the children had gone to school, Mrs. Posa found the boy wandering through the village. She took his hand and led him to the secret room behind the church.

She locked him in the dark room and went away satisfied.

A boy who could not cry, would not cry out. A boy who could not talk could never tell on her. He would die there and no one would know.

Cuando se fue a los aldeanos y les dijo que el niño era un brujo, solamente se rieron de ella.

Esto la hizo aun más enojada. Fue al cura de la aldea, pero él le dijo que el niño no le hacía daño a nadie y la mandó irse por su camino. Fue al alcalde, pero él no la prestaría atención alguna tampoco.

Cruel con su rabia, juró que se deshecharía del niño.

La Sra. Posa conocía a todos los secretos de la aldea y también conocía a todos los lugares secretos. Detrás de la iglesia había un pequeño cuarto. Estaba cubierto de polvo y zarzas y hasta el cura desde hace mucho se había olvidado de que estaba allí.

Una mañana después de que los niños se habían ido a la escuela, la Sra. Posa halló al niño vagando por la aldea. Le tomó su mano y le condujo al cuarto secreto detrás de la iglesia.

Le encerró en el cuarto oscuro y se fue satisfecha.

Un niño quien no podía llorar, no gritaría. Un niño quien no podía hablar nunca la podría denunciar. El moriría allí y nadie lo sabría.

When the boy did not come home to his house, his parents were frightened. All the village people carried torches and searched throughout the night.

The next morning, the children went to all the places where they played with the boy, but they did not find him. The villagers began to fear that he was drowned or had been killed by wild animals.

All day and all night the people and the children of the village kept searching. Then late in the afternoon the second day, one small child happened to look up in the sky.

He began to point and shout, and all the searchers looked up. There in the sky, the puffy white clouds had all gathered to make a church, just like the one in the village.

Running as fast as they could, the children and the villagers and the boy's parents raced to the church. They searched in the church and all around the church yard. As they went behind the church, they heard a noise, and they found the secret room.
The boy was curled up and great big silent tears were rolling down his cheeks. The children crowded inside and helped him out into the air.

Cuando el niño no llegó a su casa, sus padres se espantaron. Toda la gente de la aldea llevaron antorchas y buscaron por toda la noche.

La mañana siguiente, los niños fueron a todos los lugares en donde jugaban con el niño. Pero no le encontraron. Los aldeanos empezaron a temer que se había ahogado o había sido matado por animales salvajes.

Todo el día y toda la noche la gente y los niños de la aldea siguieron buscando. Luego tarde por la tarde del segundo día, un niño pequeño por casualidad se miró en el cielo.

Empezó a apuntar y a gritar, y todos los buscadores miraron hacia arriba. Allí en el cielo, las blancas nubes amontonadas se habían juntado para formar una iglesia, igual como la en la aldea.

Corriendo tan rápido como podían, los niños y los aldeanos y los padres del niño corrieron de prisa a la iglesia. Buscaron en la iglesia y alrededor del patio de la iglesia. Al pasar por detrás de la iglesia, oyeron un ruido de rascando, y hallaron al cuarto secreto. El niño estaba agachado y grandes silenciosas lágrimas se tumbaban por sus mejillas. Los niños se apretaron adentro y le ayudaron afuera al aire.

The boy did not say a word. The children comforted him. His parents came to hold him and take him home.

There was a celebration in the village that night because the boy had been found. The boy's parents set out food for everyone and the children were allowed to stay up late. They danced and played and ate sugar cakes.

Everyone was happy but Mrs. Posa. She had been watching as the boy was found. She was standing at the edge of the crowd behind the church. Her anger overwhelmed her and she made another plan.

She left the village. During the night she hurried along the king's highway, and before morning she was in the palace of the good king.

The next day soldiers of the king came to the village of artisans. They came to get the witch-boy. The villagers all protested. The priest told the soldiers that the boy did no harm to anyone, and the mayor spoke up for the child. But the soldiers found the boy and took him away.

All the children followed the soldiers down the king's highway. The people followed the children.

El niño no dijo ni una palabra. Los niños le confortar. Sus padres vinieron a cargarle y le llevaron a casa.

Hubo una celebración en la aldea esa noche porque el niño había sido hallado. Los padres del niño pusieron comida para todos y a los niños se les permitieron desvelarse. Bailaron y jugaron y comieron pastelitos de azucar.

Todos estaban felices menos la Sra. Posa. Había estado mirando mientras que se hallaba el niño. Había estado parada a la orilla de la muchedumbre detrás de la iglesia. Su enojo se la había colmado e hizo otro plan.

Ella se fue de la aldea. Durante la noche se apresuró por la carretera del rey, y antes de la mañana estaba en el palacio del buen rey.

Al día siguiente los soldados del rey llegaron a la aldea de los artesanos. Vinieron a llevarse al niño brujo. Todos los aldeanos protestaron. El cura les dijo a los soldados que el niño no hizo daño a nadie, y el alcade habló de parte del niño. Pero los soldados hallaron al niño y se lo llevaron.

Todos los niños siguieron a los soldados por la carretera del rey. La gente de la aldea siguió a los niños.

When they arrived at the palace of the king, the whole village crowded into the king's throne room.

The boy stood before the king's throne.

Mrs. Posa was standing beside the king. "That is the boy! He is a witch!" she shrieked. "You must lock him up, Sire. It is your own law!"

The king looked down at the boy standing silently before him. "Who speaks for this child?" he asked.

Each of the people of the village raised his hand and the children did too. "We all do," they said together.

"Is this boy of your village a witch?" the king asked.

The mayor stepped forward and said, "No, your magesty. He is but a boy who is different from other boys."

Then the king looked at the children and slowly he asked, "Children, tell me truly. Can this boy do magic?" The children looked at each other in dread. They knew that if they answered truly, the king would lock the boy in his vast prison forever. But each child knew it was wrong to lie.

Cuando llegaron al palacio del rey, toda la aldea se amontonaron en el salón del trono del rey.

El niño se paró ante el trono del rey.

La Sra. Posa estaba parada al lado del rey. "¡Ese es el niño!¡ El es un brujo!" chilló ella. "¡Tiene que encerrarlo, majestad! ¡Esa es su propio ley!"

El rey miró abajo al niño parada silenciosamente ante él. "¿Quién habla por este niño?" preguntó.

Cada uno de los aldeanos alzó su mano y los niños también. "Todos nosotros lo hacemos," dijeron juntos.

"¿Es este niño de su aldea un brujo?" preguntó el rey.

El acalde dio un paso hacia adelante y dijo, "No su majestad. Él es solamente un niño diferente a otros niños."

Luego el rey miró a los niños y preguntó despacio, "¿Niños, dime verdaderamente. ¿Puede este niño hacer magia?" Los niños se miraron los unos a los otros con temor. Sabían que si contestaban verdaderamente, el rey iba a encerrar al niño en su vasta prisión para siempre. Pero cada niño sabía que era malo mentir.

Finally one child spoke. "Our boy can do small magic, Sire."

Another child said, "He can make the clouds move about the sky."

Another said, "He can make birds sing for us."

The king looked closely at the boy, and then he smiled a kind smile. "Small magic does not make a witch," he said. An evil heart makes a witch. This one may be a magic boy, but he is not a witch."

Everyone from the village cheered and thanked the king. The soldiers at attention were not allowed to cheer, but they smiled. Only Mrs. Posa did not smile.

The villagers surrounded Senora Posa and led her in front of the king. "This one has an evil heart, Sire. For her wicked deed she should be locked up forever."

The king nodded.

The boy, who did not speak, spoke. He looked at the king, and the boy said his first word ever. He said, "No."

Finalmente un niño habló. “Nuestro niño puede hacer magia pequeña, majestad.”

Otro niño dijo, “El puede hacer mover a las nubes.”

Otro dijo, “El puede hacer los pájaros cantar para nosotros.”

El rey miró de cerca al niño, y luego sonrió una sonrisa amable. “Magias pequeñas no hacen un brujo,“ dijo. “Un corazón malvado hace un brujo. Este puede que sea un niño mágico, pero no es un brujo.”

Todos de la aldea regocijaron y le dieron las gracias al rey. Los soldados en atención no podían regocijar, pero sonrieron. Solamente la Sra. Posa no sonreía.

Los aldeanos rodearon a la Sra. Posa y la condujeron ante el rey. “Esta tiene un corazón malvado, majestad. Por su hecho malvado ella debería de estar encerrada para siempre.”

El rey asintió que sí con su cabeza.

El niño, quien no hablaba, habló. Él se miró al rey, y el niño dijo su primera palabra que jamás había hablado. Él dijo, “No.”

“But she is indeed a witch,” the king said. “She locked you up and left you to die. Would you not do the same to her, boy?”

“No,” the boy said again.

“Then, boy,” said the king. “You must punish her yourself, for she can never be allowed to harm anyone else.

The whole room was silent. The boy looked at Mrs. Posa with his great green eyes. Mrs. Posa grew smaller and smaller and turned into a butterfly. She flew out the window of the throne room. She was free, and she would never cause trouble again.

Everywhere in the world, butterflies flutter through summer skies, stopping for a moment to light here and there. Everywhere in the world children run after the beautiful creatures to try and capture them and trap them in nets and jars.

But in the village of artisans, to this day, children let the harmless creatures fly freely.

*

“Pero ella de hecho es una bruja,” dijo el rey. “Ella te encerró y te dejó a morir. ¿No le harías lo mismo a ella, niño?

“No,” dijo el niño otra vez.

“Entonces, niño,” dijo el rey, “Tienes que castigarla tú mismo, porque nunca podrá ser permitida a dañar a alguien más.”

Todo el salón estuvo silencioso. Él niño miró a la Sra. Posa con sus grandes ojos verdes. La Sra. Posa se hizo más y más pequeña y se volvió en una mariposa. Se voló por la ventana del salón del trono. Ella estaba libre, y nunca volvería a causar problemas.

En todos los lugares en el mundo, las mariposas aletean por los cielos del verano, parándose por un momento a posar aquí y allá, como la Sra. Posa buscando problemas. En todos los lugares en el mundo los niños corren tras las criaturas hermosas para capturarlas y atraparlas en redes y jarros.

Pero en la aldea de artesanos, hasta este día, los niños dejen a las criaturas inofensivas a volar libremente.

*

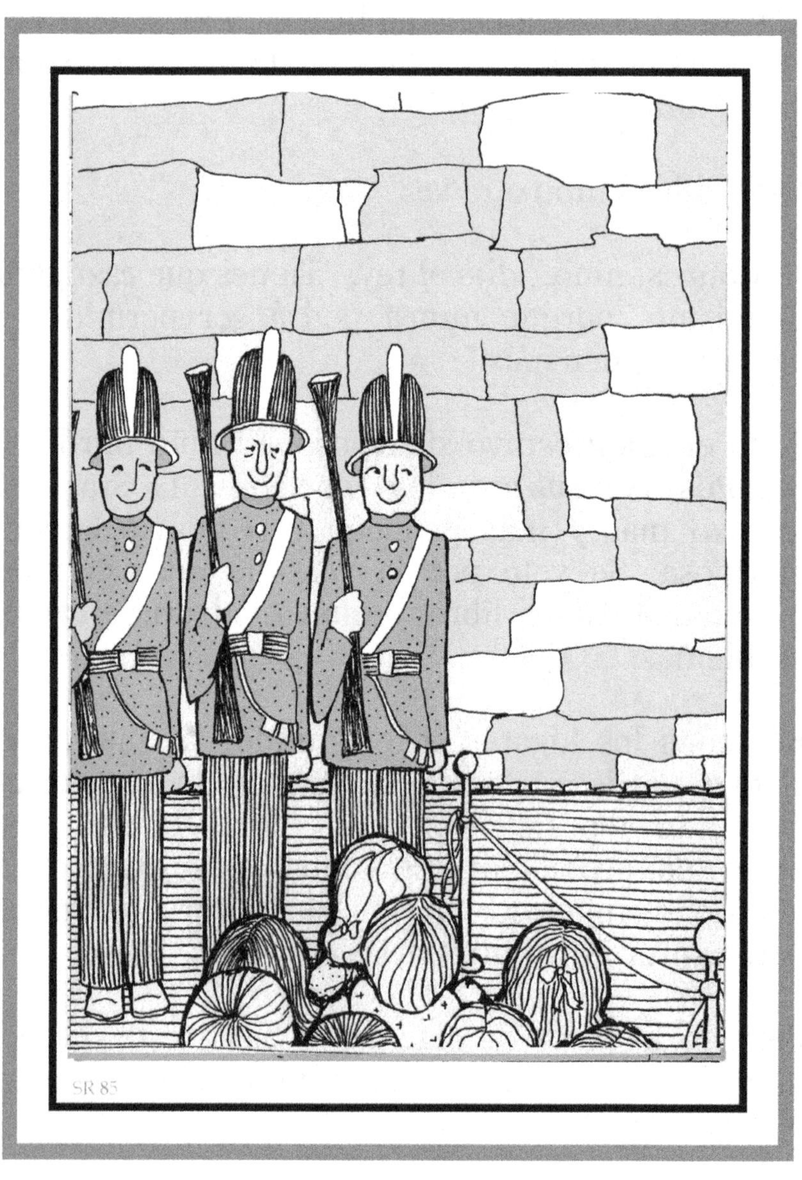

THE END

FIN

An Afterword:
The Stories in Book Two

The movitation behind the books in this small series of stories: FABLES IN AN OLD STYLE / FABULAS EN UN ESTILO ANTIGUO has been explained in the afterword for Book One. The stories are similar in theme in both books. However, the three stories in Book Two: *The Stepmother, The Woodswoman,* and *A Small Magic* didn't come from my fascination with the fables I heard as a child. Instead, they arose from true incidents observed during the years I taught in a small, rural city.

Underlying *The Stepmother* is a a true story. There are many good stepmothers like the one in this book. I knew one good step*father* ~ who kept and cared for his wife's children after their mother left the family.

In small cities and towns, there isn't very much separation between public schools and the public. People drop in to classrooms before and after school. The teller at the bank turns out to be a grandmother or aunt of a child in class. Teachers know more about the lives of the children that they teach. We know stories of relatives who suffer exclusion from contact from the children that they love, as happens to the old woman in *The Woodswoman.* Sometimes this is court-ordered, but sometimes just the result of family drama. Often it is necessary for sound and protective reasons, but still painful for the person excluded.

The mute boy in *A Small Magic,* is modeled on a child I knew when I taught a special day class, a class for children whose handicaps excluded them from the regular classroom. The boy caught the imaginations of the other students in the class. The other children encircled and protected him from the hazards of a crowded playground.

The conversion of harsh truths into fables is a time-honored tradition. These kinds of stories, even when they have sad or bittersweet endings, give consolation to children whose lives are troubled. The same stories cannot help but broaden the empathy of children traveling through easier lives.

SR /9.19.2015